〈소요리문답 요약 교재 4〉

신앙의 진수

중고등대학청년부

성·경·공·부·를·위·한

소요리 문답 요약 교재

김재규 지음

4 신앙의 진수

Grace 은혜출판사

교재의 특징

1 이 교재는 오늘날 교회가 심혈을 기울여 공부시켜야 할 대학부, 청년부, 중고등부의 성경공부를 위해 소요리 문답을 간단하고, 재미있고, 깊이 있게 꾸민 교리 교재입니다.

2 이 교재는 1년에 공부를 마칠 수 있도록 체계적으로 구성되어 전 4권으로 3개월에 한 권씩 마칠 수 있도록 다음과 같이 꾸며져 있습니다.

제1권 인생과 하나님(인간론과 신론)

제2권 그리스도와 성령(기독론과 구원론)

제3권 영원한 계명(10계명)

제4권 신앙의 진수(믿음, 회개, 기도, 성례, 주기도문)

3 이 교재의 내용은 이 교재만 마치면 교리에 대한 확실한 기초가 정립될 수 있도록 다음과 같이 꾸며져 있습니다.

① 요의

② 중요단어 해설

③ 성경공부를 위한 성경 찾아보는 학습문제

④ 토론(자유, 그룹토의)

4 각 권에 대한 지도자 지침서가 있어 지도자가 인도하는데 도움을 주고 있습니다.

5 이 교재는 하나님의 은혜와 대한 예수교 장로회(대신측) 총회장을 역임하시고 대한 신학교 교의학 교수로 재직하신 김재규 목사님의 심혈에 힘입어 교회 각부에서도 참고적으로 공부하실 수 있도록 꾸며져 있습니다.

추천서

근래에 와서 우리 교계에 많은 신앙서적과 경건서적이 출판되고 있는 것은 매우 바람직한 일이나, 주일학교 교재(유, 초, 중, 고등부, 대학, 청년부)의 빈곤 때문에 각 교회마다 어려움을 느끼고 있는 것은 참으로 안타까운 일이 아닐 수 없다.

이러한 때 신학강단에서 오랜 경험을 쌓은 목회자 김재규 목사님께서 중 · 고등부 성경교재용으로 웨스트민스터 소요리 문답을 쉽게 풀어서 우리 교계에 제시해 준 것은 참으로 경하하여 마지않는다. 성경을 조직적으로 가르치는 길만이 영혼을 살찌게 하고 또 이는 신앙적, 사상적 동요를 막아 줄 것이다.

이 책은 자라나는 청년, 대학, 중 · 고등부 학생들에게 신앙의 뼈대를 잡아주는데 큰 공헌을 하게 될 것이다. 전국 교회의 애독을 바라면서 추천하는 바이다.

합동신학원 원장 철학박사

신복윤

저자의 말

성삼위일체 하나님께 영광을 돌립니다. 한국교회 교회교육의 많은 교재가 있지만 쉽고 이해하기 쉬운 교리교재의 빈곤을 절감하던 중, 청년, 대학, 중 · 고등부를 위한 「웨스트민스터 소요리 문답」을 쉽게 풀이하면서 개인 혹은 그룹이 성경과 함께 기본 교리를 익히며 생활에 적용할 교재를 1년 중 마스터를 하도록 4권(1권 3개월)을 펴내게 되었습니다.

본 교재를 학습하실 때 유의할 것은,

- 교사의 공과 준비와(기도, 다른 교리 이해)
- 반드시 성경을 찾아보는 일과
- 다음 과를 미리 익혀 오는 일과
- 연습문제를 풀면서 성경으로 이해하는 일과
- 자유토론을 통한 생활의 적용

본 교재로 영적, 질적 실력함양에 도움이 되기를 바랄 뿐입니다.

저자 김재규

전 교재 목차들

제1권 인생과 하나님

제2권 그리스도와 성령

제3권 영원한 계명

제4권 신앙의 진수

차 례

제 1 과

계명을 온전히 못 지키는 인간

요점 의인은 없다.

읽을성경 전 7:20, 약 3:2

▶ 아무 사람이나 능히 하나님의 계명을 완전히 지킬 수 있습니까?

타락한 후로 사람의 능력으로는 금생에서 하나님의 계명을 완전히 지킬 수 없고, 날마다 생각과 말과 행동으로 범합니다.

▶ 법을 범한 모든 죄가 다 같이 악합니까?

어떠한 죄는 그 본질과 여러 가지 얽힌 끝이 있으므로 하나님 앞에서 다른 죄보다 더 악함이 있습니다.

아담의 타락 이후 그의 후손인 전 인류는 전적 타락과 부패로 아무도 스스로의 힘으로는 구원받지 못할 불안전한 인간이 되었습니다.(전적 무능)

1. 모든 인간은 계명을 완전히 지킬 수 없습니다.
   ① 모든 인간은 타락했습니다.(창 3:6, 전 7:29)
   ② 모든 인간은 죄인입니다.(왕상 8:46)
   ③ 모든 인간은 구원에 이르는 영적 선을 행할 능력을 전적으로 잃어 버렸습니다.(롬 5:6, 8:7, 요 15:5) –「전적 무능력」
   ④ 모든 인간은 자기의 힘으로 회개하든지 또는 회개에는 준비를 할 수 없습니다.(요 6:44, 65, 엡 1:2~5, 고전 2:14)

2. 아무 사람이나 날마다 계명을 범합니다.
   ① 생각이 악합니다.(창 8:21, 잠 23:6, 7)
   ② 혀가 악합니다.(약 3:8, 마 12:34)
   ③ 행위가 악하고 실수가 많습니다.(약 3:2, 롬 3:15~18, 롬 8:8)

3. 선을 행하고 죄를 범치 아니하는 의인은 세상에 한 사람도 없습니다.(전 7:20, 롬 3:10)

4. 죄란 무엇이며 그 종류는?
   ① 죄란 하나님의 법을 어기는 것입니다.(요일 3:4)
   ② 죄란 모든 불의한 것입니다.(요일 5:17)

③ 죄란 선을 알고도 행치 않는 것입니다.(약 4:17)

④ 죄란 범사에 믿음으로 하지 않는 것입니다.(롬 14:23)

⑤ 죄의 종류에는 ㉠ 법률상의 죄 ㉡ 도덕상의 죄 ㉢ 양심상의 죄 ㉣ 종교상의 죄가 있습니다.

5. 본질적으로 더 악한 죄가 있습니다.

① 하나님 보시기에 다른 죄보다 더 흉악한 죄입니다.

② 성령을 훼방하는 죄입니다.(마 12:31, 32)

㉠ 전도해도 평생 믿지 않는 죄

㉡ 성령의 하시는 이적과 기사와 권능을 사탄의 일이라고 훼방하는 죄(예수님의 이적 기사를 바알세불의 힘을 입어 한다는 바리새인들, 유대인) (마 12:24, 31, 32)

③ 고범죄입니다.(시 19:13, 요 19:11, 레 24:16, 민 15:30~31, 히 10:26)

㉠ 고의적 범죄(민 15:30): 하나님에 대한 계속적 도전

㉡ 습관적 범죄(히 6:4)

㉢ 회개케 할 수 없는 죄(히 6:6)

㉣ 의식적 죄는 모두 고범죄는 아닙니다. 중생한 사람의 의식적 죄는 영적 힘이 약하여 짓습니다.(약범죄) (롬 7:15-25)

학습문제

1. 모든 인간이 온전히 계명을 지킬 수 없는 이유는 무엇입니까?
(롬 3:10과 3:20으로 연구해 봅시다.)

2. 시편 53장 2, 3절을 읽어 보십시오. 하나님 앞에서는 지각과 하나님을 찾는 자가 없다는 것은 사람이 날마다 계명을 범하는 이유, 곧 모든 인류의 모습입니까?

3. 서로 관계된 것끼리 연결하십시오.

① 요일 3:4 ·	㉠ 믿음으로 하지 않는 것
② 요일 5:17 ·	㉡ 알고도 행치 않는 것
③ 약 4:17 ·	㉢ 불의한 것
④ 롬 14:23 ·	㉣ 법을 어기는 것

토의(자유토론)

1. 성령 훼방죄는 택함 받은 하나님의 백성이 지을 수 있는 죄일까요? 토의해 봅시다. (요 6:37, 39)

제 2 과

진노와 저주에서 해방되자

요점 죄와 보응

읽을 성경 갈 3:10, 롬 1:18

▶ 범한 죄마다 마땅히 받을 보응이 무엇입니까?

범한 죄마다 받을 보응은 이 세상과 오는 세상에서 하나님의 진노와 저주입니다.

▶ 우리가 죄를 인하여 하나님께 받을 진노의 저주를 피하게 하려고 하나님이 우리에게 요구하시는 것이 무엇입니까?

예수 그리스도를 믿는 것과 생명에 이르는 회개와 그리스도가 우리에게 구속의 유익을 전하며 나타내신 여러 가지 방법을 힘써 사용하라는 것입니다.

구원받은 후에 죄를 범하여 매를 맞는 것은 징계이며(히 12:5~8) 불신자들은 금생과 내세에 형벌(멸망)로 나타납니다.

1. 범한 죄마다 마땅히 보응을 받습니다.(불신자 중심)

① 심는 대로 거두는 원리입니다.(갈 6:6~8)

② 죄의 삯은 사망입니다.(롬 6:23)

③ 공의로우신 하나님이십니다.(벧전 2:23)

④ 사람의 심장과 모든 행사를 감찰하심으로 제외될 수 없습니다.(렘 11:20, 시 33:15)

2. 금생과 내세에서 보응이 있습니다.

① 금생에서 받는 보응(갈 3:10)

㉠ 이생을 사는 동안 닥쳐오는 것

㉡ 외국의 침략(수 7:4, 5), 사망(롬 2:6~8), 기근, 질고, 혼란(창 3:17~23)

㉢ 육신적인 것(창 3:14~19)

② 내세에서 받는 보응(마 25:41, 계 20:10)

㉠ 죽은 후에 심판대에서 받는 것

㉡ 영영할 불에 던져지는 것(계 21:8) …… 영원한 죽음

㉢ 영적인 것(하나님과 영원히 단절)

3. 죄에 대한 보응은 하나님의 진노와 저주입니다.(롬 1:18)

① 이스라엘 백성이 받았습니다.(사 1:2~17) – 「민족」

② 엘리 제사장의 가정이 받았습니다.(삼상 1:12~22) – 「가정」

③ 아담과 하와가 받았습니다.(창 3:16~19) – 「개인」, 「인류」

4. 하나님의 진노와 저주를 피할 수 있도록 하신 하나님

① 하나님은 사랑이십니다.(요일 4:9~11)

② 하나님께서는 축복 주시기를 더 원하십니다.(신 1:11, 렘 31:23)

③ 예수 그리스도 외에는 구원도 없고, 피할 길도 없습니다.(행 4:12)

5. 하나님께서 우리에게 요구하시는 것(피할 방법)

① 예수 그리스도를 믿을 것(행 16:31, 20:21, 요 3:16)

㉠ 믿음은 하나님의 은혜입니다.(엡 2:8)

㉡ 죄와 사망 가운데서 건져주시고 살려주신 분임을 믿는 것입니다.(히 5:1, 고전 6:19~20, 막 10:45, 롬 10:9)

㉢ 길이요 진리요 생명임을 믿는 것입니다.(요 14:6)

② 생명에 이르는 회개를 할 것(막 1:15)

㉠ 성령의 도우심으로 회개합니다.(슥 12:10)

㉡ 그리스도 안에서 하나님의 긍휼과 자비를 깨닫는 것입니다.(요엘 2:13)

㉢ 죄를 알고(지적 요소), 죄를 원통히 여기고(감정적 요소), 결심과 순종을 하는 것입니다.(의지적 요소) (눅 15:17~20, 행 2:37~38)

③ 표현적 방법을 힘써 사용하는 것입니다.(마 28:19~20)

㉠ 세례를 주는 일

㉡ 말씀을 가르치는 일과 지키게 하는 일

학습문제

1. “죄의 삯은 사망이요 하나님의 은사는 그리스도 예수 우리 주 안에 있는 영생이니라.”에서 예수님과 영생의 관계를 말해봅시다.(요 3:16, 롬 6:23)

2. 가장 비참한 죄의 보응은 무엇입니까? (계 20:10)

3. 하나님께서 우리에게 요구하시는 것은 각각 무엇이며 나는 실천하고 있는지 살펴봅시다. (막 1:15, 엡 2:8, 마 28:19, 20)

토의(자유토론)

1. 성경에 나타난 회개의 개념을 말해봅시다. (탕자의 비유를 중심으로, 눅 15:11~32)

2. 죄 용서 받은 체험을 나눠봅시다.

제 3 과

구원의 유익을 위한 외적방법

요점 은혜의 수단

읽을성경 딤후 3:16~17, 마 28:19

▶ 그리스도께서 우리에게 구원의 유익을 전하시려고 나타내시는 보통 방법이 무엇입니까?

그리스도께서 우리에게 구원의 유익을 전하시려고 나타내시는 방법은 그의 규례인데 특별히 하나님의 말씀과 성례와 기도입니다. 이것이 모두 그 택하신 자에게 효력이 되어 구원을 얻게 합니다.

세례와 성찬(성례)은 우리의 믿음을 강화하는 은혜의 영적 방법입니다. 물론 말씀과 기도없이 주님의 은혜를 깨달을 수 없습니다.

1. 구원의 유익을 전하는 방법의 종류에는 크게 두 부분으로 나눕니다.

① 내적 방법 – ㉠ 예수 그리스도를 믿는 것
㉡ 생명에 이르는 회개

② 외적 방법 – ㉠ 하나님의 말씀
㉡ 성례(세례와 성찬)
㉢ 기도

요의

외적 방법은 예수님께서 제정하신 규례로(마 28:19~29, 행 2:42) 성도는 누구나 그 방법들을 실행해야 한다.(여기서는 외적 방법을 공부하게 된다.)

2. 하나님의 말씀(딤후 3:16~17, 요 5:39) – 성경

① 하나님의 감동으로 된 책(계시의 책)
② 성경은 구원에 이르는 지혜를 주는 책
③ 성경은 신앙과 행위의 표준이 되고 영의 눈을 뜨게 합니다.(시 19:7, 8)

3. 성례(마 26:19~29, 요 6:55) – 세례와 성찬

① 세례의 의미(골 2:11, 12)
㉠ 새 사람(그리스도 안에서)됨의 약속
㉡ 죄 씻음 받음의 표입니다.

㉢ 그리스도에게 접붙이는 의미 – 그리스도의 죽으심과 부활에 접붙임이 됩니다.(골 2:12)

② 성찬의 의미(고전 11:23~27)

㉠ 예수님이 가르쳐 주셨고 제물되신 예수님의 살과 피를 우리 위해 주심입니다.(눅 22:19, 20)

㉡ 기념 행위입니다.(고전 11:25)

㉢ 주님의 죽으심을 전파하는 행사입니다.(고전 11:26)

4. 기도(눅 11:13)

① 하나님이 우리에게 베푸시는 교통의 줄이요 축복의 방법입니다.(마 7:7, 살전 5:17)

② 신앙고백의 제사입니다.(모든 시편)

③ 나의 모든 삶을 하나님께 입술과 심령으로 자백하는 신앙 행위입니다.

요의

기도는 성도에게 생명을 주는 호흡이요, 끊어지지 않는 기쁨의 샘이요, 슬플 때 찾아갈 집이요, 싸울 때 의지할 바위요, 피곤할 때 쉴 수 있는 초장과 같다.

학습문제

1. 신앙의 성장과 발전을 위해 성례, 말씀, 기도가 얼마나 중요합니까?

2. 디모데후서의 네 가지 중요한 주제를 찾아 보면서 의미를 묵상합시다.

①

②

③

④

3. 성찬의 의미를 말해 보세요. (고전 11:23~27)

4. 세례의 의미를 말해 보세요. (골 2:11~12)

토의(자유토론)

1. 성찬에서 가톨릭의 화체설, 루터의 공재설, 칼빈의 영적 임재설의 의미를 연구하여 왜 영적 임재설이 더욱 중요한지 토의해봅시다.

2. 나의 기도생활은 어떠한지 말해 봅시다.

제 4 과

말씀의 구원 작용

요점 구원 효력인 말씀

읽을성경 요 5:39, 행 10:44

▶ 하나님의 말씀이 어떻게 효력이 되어 구원을 얻게 합니까?

하나님의 말씀을 읽는 것과 특히, 설교하는 것으로써 하나님의 신이 효력있는 방법을 삼아 죄인을 반성시켜 회개케 하시며 또 믿음으로 말미암아 거룩함과 위로를 더하셔서 구원에 이르게 하십니다.

▶ 하나님의 말씀을 어떻게 읽고 들어야 효력이 되어 구원을 얻는 방도가 됩니까?

하나님의 말씀이 우리로 하여금 구원을 얻게 하는 방도가 되게 하려면 마땅히 부지런함과, 예비함과, 기도로써 생각하며 [임하여야 하며] 믿음과 사랑을 우리 마음에 두고 행실로 나타낼 것입니다.

하나님은 사랑과 은혜의 모든 것을 말씀(계시)을 통하여 우리에게 주시되 반드시 성령님의 역사로 하십니다.

1. 성령님이 구원의 효력을 위해 말씀을 사용하십니다.

① 하나님의 말씀을 읽는 것(요 5:39)

② 하나님의 말씀을 전하는 것(행 10:44)

2. 하나님 말씀의 구원 작용

① 죄인을 반성시켜 회개케 합니다.(행 2:37, 히 4:12)

② 믿음을 일으킵니다.(롬 10:10, 17)

③ 진리로 거룩하게 합니다.(요 17:17, 시 119:9)

④ 위로를 받습니다.(롬 15:4, 시 119:50, 고후 1:3)

⑤ 구원에 이르게 하십니다.(고전 15:2, 행 2:40, 롬 1:16)

3. 하나님의 말씀을 이렇게 읽고 들어야 구원의 효력이 작용합니다.

① 부지런함으로(잠 8:32~36)

㉠ 주야로(시 1:2)

㉡ 종일(시 119:97)

㉢ 이른 새벽에 깨어(시 119:148)

② 예비함으로(딤후 3:14~17) – "준비된 마음"

③ 기도하며 생각함으로(시 119:18)

④ 믿음과 사랑을 우리 마음에 둠으로(시 119:11, 히 4:2)

⑤ 행실에 나타냄으로(눅 8:15, 약 1:25) – 생활로 실천하는 것(눅

10:28, 약 4:17)

※ "이 예언의 말씀을 읽는 자와 듣는 자와 그 가운데에 기록한 것을 지키는 자는 복이 있나니 때가 가까움이라." (계 1:3)

학습문제

1. 시편 1장 1, 2절에서 주야로 묵상한다는 말씀을 읽고 나의 묵상생활을 점검해봅시다.(Q.T)

2. 하나님 말씀의 구원 작용 5가지

① 행 2:37

② 롬 10:10, 17

③ 요 17:17, 시 119:9

④ 롬 15:4, 고후 1:3

⑤ 고전 15:2, 롬 1:16

3. 요한계시록 1장 3절에서 세 가지 주제를 찾고 나의 삶 속에서 시행되고 있는지 말해보십시오.

토의(자유토론)

1. 성경을 읽다가, 묵상하다가, 말씀을 듣다가, 전도하다가, 은혜와 감동 받은 것을 나눠봅시다.

2. 당신은 매일 일용할 양식을 정기적으로 읽고 있습니까? 그렇지 않다면 약하거나 병들어 있다고 생각지 않습니까?

제 5 과

성례란 무엇인가?

요점 성례의 바른 이해

읽을성경 마 28:19, 20, 고전 12:13

▶ **성례가 어떻게 효력이 되어 구원을 얻게 하는 방도가 됩니까?**

성례가 효력이 되어 구원을 얻게 하는 방도가 되는 것은 성례 자체로 말미암음도 아니요, 베푸는 자의 덕으로 됨이 아니라, 다만 그리스도의 축복함으로 되며, 또 믿음으로 성례를 받는 자 속에 성령이 역사하심으로 되는 것입니다.

▶ **성례가 무엇입니까?**

성례는 그리스도께서 세우신 거룩한 예식인데 그리스도와 그 새 언약의 유익을 깨닫는 표로써 신앙고백을 한 신자들에게 적용되는 것입니다.

▶ **신약의 성례가 무엇입니까?**

신약의 성례는 세례와 성찬입니다.

성례의 참뜻을 바로 알고 새로워지는 계기가 되도록 합시다. 그리고 은혜를 더하시려는 하나님의 뜻에 감사합시다.

1. 성례의 뜻

① 기원

㉠ 하나님께서 정하심(신앙고백 27장)

㉡ 그리스도께서 정하심(요리문답 92문, 대요리문답 162문)

② 성격 – 거룩한 예식입니다.

③ 의도

㉠ 교훈을 주기 위하여 의미를 새롭게 하며 확인하기 위함

㉡ 교화하기 위하여: 믿음과 은혜를 강력하게 하고 증가시킴

㉢ 은혜를 베풀며, 보충하기 위하여

㉣ 시험하여 사랑과 성도의 교제를 마음에 새기기 위하여

㉤ 성도를 구별하기 위하여, 성도와 타인 사이에 눈에 보이는 차이를 제공하며 교인으로서의 표시를 부여하기 위하여

④ 배경

㉠ 구약에서는 하나님과 인간 사이에 맺어진 은혜 언약의 거룩한 표로써 할례와 유월절입니다.

㉡ 신약의 성례는 세례와 성찬입니다.

㉢ 아담과(창 3:15), 노아와(창 9:11~17), 아브라함과(창 12:2, 15:5), 다윗과(삼하 7:12~16) 대표적으로는 모세와(출 24:8) 맺은 시내산의 언약이 있습니다.

㉣ 구속의 표(출 12:13), 언약의 확인(고전 10:16, 요 3:27), 성도임

을 증명하고 확증하는 표(출 12:48, 고전 11:27~29)

2. 성례의 구원 효력

① 성례 그 자체로 구원받을 수 없습니다. – 반드시 말씀과 함께 말씀에 따라서 집행되어야 합니다.

② 베푸는 자의 덕으로 될 수 없습니다. – 합법적으로 안수받은 목사가 집례하는 것 뿐이지 집례자의 명예나 덕에 효력이 있음이 아닙니다.

③ 다만 그리스도께서 축복함으로 됩니다. – 창시자인 그리스도께서 우리의 영적 진보를 위하여 제정하신 은혜의 방편, 곧 축복으로만 가능합니다.

④ 믿음으로 성례를 받는 자들 속에 성령이 역사하심으로 됩니다.

학습문제

1. 세례와 할례, 성찬과 유월절을 비교해 보고 공통점을 찾아봅시다.

2. 왜 성례를 예수님이 주셨습니까? “주께 받은 것”, “내 몸이니”, “피로 세운 새 언약이니”는 무슨 뜻입니까? (고전 11:23~26)

3. 성례를 통한 구원 은혜가 더욱 넘치는 체험을 해 보았습니까? (세례, 성찬)

토의(자유토론)

1. 「성례(聖禮)」라는 말의 본래 의미는 무엇이었는지 말해봅시다.

2. 가톨릭과 성공회의 성례는 어떤 것들이 있나 말해봅시다.

3. 세례와 침례에 대하여 특색과 내용을 알아봅시다.

제 6 과

세례란 무엇인가?

요점 세례관 확립

읽을성경 롬 6:3, 갈 3:26~27

▶ 세례가 무엇입니까?

세례는 물을 가지고 성부와 성자와 성령의 이름으로 씻는 성례인데 우리가 그리스도에게 접합됨과 언약의 모든 유익에 참여함과 주님의 사람이 되기로 약조함을 표시하여 인치는 것입니다.

▶ 세례는 어떠한 사람에게 베풉니까?

세례는 불신자들이 그리스도를 믿고 고백하여, 그에게 복종하는 데까지 이르러야 베풀 것이요, 입교한 자의 자녀에게 베푸는 것입니다.

성령과 예수님의 보혈로 죄 씻음 받음의 적용이 우선이고 그 결과로 세례식을 성도들(증인) 앞에서 갖는 것은 중요합니다.

1. 세례의 뜻

① 성 삼위의 이름으로 받는 것(마 28:19)

② 우리를 그리스도에게 접붙이는 것(롬 6:3)

③ 죄 씻음과 은혜에 참여하는 것(계 1:5)

④ 주님의 사람되는 약속의 표(갈 3:26~27)

2. 세례 받을 자

① 그리스도를 믿고 고백하는 자

② 그리스도께 복종하는 자

③ 교회 안에 있을 것

④ 입교한 자의 자녀

요의

세례는 어른과 유아에게 적용된다.

(A) 장년 세례(長年 洗禮, Adult Baptism): 오순절에 베드로의 설교를 들은 사람들이 세례를 받았고(행 2:41), 내시의 경우(행 8:38), 빌립보 옥사장의 경우(행 16:33)이다.

(B) 영(유)아 세례: 영아들의 가정적 중생을 근거로 해서 세례를 주며, 또 중생의 약속도 포함하는 하나님의 전 포괄적인 약속을 근거로 해서 주는 것이다. 언약의 백성되게 함과 부모의 신앙으로 받는 것으로 할례(출생 8일 만에)처럼 신앙의 자녀가 되었다는 증표요 서약이다.

3. 세례의 종류

① 물세례 – 목사가 물을 가지고 성부, 성자, 성령의 이름으로 베푸는 세례인데 물세례를 받은 표입니다.(마 3:6)

② 불세례(성령세례) – 성령의 역사로 죄를 회개하고 예수를 구주로 믿어 하나님의 자녀가 된 것을 확실히 믿는 것입니다.(고전 12:3, 13)

4. 세례는 어떠한 형편을 물론하고 평신도가 베풀 수 없고 반드시 하나님의 사역자로 부르심을 받은 목사만이 베풀 수 있습니다.

5. 세례의 방법

① 침례법(浸禮法, Immersion) – 수세자가 물속에 온몸을 넣었다가(강, 개천, 저수지 등에서) 나오는 것(옛 사람은 죽고 새 사람은 산다는 상징적 의식입니다)

② 관수법(灌水法, Affusion) – 수세자를 물 가운데 세워두고 시세자가 그릇으로 물을 길어 수세자의 머리 위에 삼위의 이름을 따라 세 번 붓는 것

③ 살수법(撒水法, Sprinkling or Aspersion) – 초세법, 현재 많은 교회가 시행하는 것처럼 그릇에 물을 길어서 시세자가 손을 물에 찍어 수세자의 머리 또는 이마에 뿌리는 것

요의

세례의 방법은 각 교파마다 주관적이며 독자적인 세례관을 형성하고 있다.

여기에서 세례는 단순한 의식이 아니기에 어느 것만을 절대적 하나라고 주장해서는 안 된다. 세례의 상징의 본질적인 것은 「정화의 개념」(시 51:7, 겔 36:25, 행 2:38, 22:16)으로서 고대로부터 세례는 정수와 함께 물을 뿌리든지 붓든지 하여 집행되는 것이 관습으로 되어 있었다.(민 8:5~7, 19:8, 9, 12, 13) 만약 침례 받지 않으면 구원과 상관없다든지, 다시 침례를 받아야 한다고 주장하면 잘못된 것입니다)

학습문제

1. 세례의 뜻과 관계된 성구를 연결하세요.

성 삼위 이름으로 받는 것 ·	· 갈 3:26~27
그리스도께 접붙임 ·	· 계 1:5
죄 씻음과 은혜에 참여 ·	· 롬 6:3
약속의 표 ·	· 마 28:19

2. 죄 씻음 받은 간증이 있습니까?

3. 갈라디아서 3장 27~29절의 그리스도로 옷 입고, 예수 안에서 하나이며, ○○을 이룰 자란 무슨 의미입니까?

토의(자유토론)

1. 침례법과 초세법의 장단점을 찾아서 이야기해봅시다.

2. 영(유)아 세례의 성경적 근거를 말해봅시다.

제 7 과

성찬이란 무엇인가?

요점 주의 살과 피

읽을성경 요 6:55~58, 고전 11:26~28

▶ **주의 성찬이 무엇입니까?**
주의 성찬은 곧 성례이니 그리스도의 정하신 대로 떡과 포도즙을 주며 받는 것으로 그 죽으심을 나타냅니다. 합당하게 받는 자들은 육체와 정욕으로 참여함이 아니요, 믿음으로써 그의 몸과 피에 참여하여 자기의 신령하게 받는 양육과 은혜 중에서 장성함으로 그의 모든 효험을 받습니다.

▶ **주의 성찬에 합당하게 참여하려면 어떻게 하여야 합니까?**
주의 성찬에 합당하게 참여하려면 마땅히 주님의 몸을 분별할 줄 아는 것과 주님으로 양식을 삼는 믿음과 회개와 사랑과 새로 순종함에 대하여 스스로 살필 것이니 합당치 않게 참여하면 두렵건대 먹고 마시는 것이 정죄함을 자청함이 될 것입니다.

은혜를 더하게 하시려고 예수님이 직접 가르쳐 주신 예수님의 살과 피의 의미를 깊이 알고 신뢰해야 합니다.

1. 성찬의 제정(制定)

① 성경에 근거합니다.(마 26:26~29, 막 14:22~25, 눅 22:19~20, 고전 11:23~25)

② 예수님께서 처음 시행하셨습니다.

③ 유월절에 처음으로 시행하셨습니다.(마 26:17~18)

④ 예수님의 죽으심부터 재림까지 시행합니다.(고전 11:26)

2. 성찬의 뜻

① 주님의 대속적 죽음을 상징적으로 표현하는 것

② 성도가 십자가에 못 박히신 그리스도에게 참여하는 것을 상징하는 것

③ 영혼에 생명, 능력, 기쁨을 줌으로써 영적 양식의 효과를 나타내는 것

④ 예수 그리스도의 신비적 몸의 지체가 되는 성도들의 상호연합을 상징하는 것(한몸 된 교회 공동체)

3. 성찬이 날인하는 것

① 성찬은 가장 고통스럽고 수치스러운 죽음을 스스로 당하신 사실에 계시된 그리스도의 위대하신 사랑을 참여자에게 인쳐줍니다.

② 성찬은 언약의 모든 약속들과 또 복음이 제시하는 모든 풍부한 것

들이 다 자신의 것이라는 확증을 믿음으로 참여자에게 줍니다.

③ 성찬은 구원의 축복들이 현실적으로 소유가 되어 있다는 사실을 신앙으로 참여하는 자들에게 확증시킵니다.

④ 성찬은 믿음으로 참여하는 자들 편에서는 신앙고백의 표지입니다.

4. 성찬에 합당한 참여자

① 세례받은 자(신앙고백자)

② 주님의 몸을 분별할 줄 아는 자(신앙지식)

③ 그리스도의 구속을 의뢰하는 자(주님의 살과 피의 의미를 아는 자)

④ 죄를 끊고 거룩하고 경건한 생활을 하고자 각오하는 자

5. 성찬에 부적당한 참여자

① 세례받지 못한 자(성령세례의 표로써 받기 때문입니다.)

② 성령을 거스르는 자(악행 하는 자)

③ 은밀한 중에 짐짓 범죄한 자(회개가 이루어지지 않아 고민하는 자)

④ 교리를 깨닫지 못하는 자(성찬의 뜻을 모르는 자)

⑤ 교회를 부끄럽게 하는 자

⑥ 교회 재판에 계류 중인 자

⑦ 당회가 교회의 유익을 위하여 허락할 수 없는 자(수찬 정지)

학습문제

1. 성찬은 어느 성경말씀에 근거하고 있습니까? (장, 절을 쓰세요)

2. 성찬에 합당한 참여자는 누구입니까? (고전 11:26~28)

3. 떡과 포도즙은 무엇을 기념하는 것입니까? (눅 22:19, 20)

토의(자유토론)

1. 성찬은 왜, 성직자(목사)가 집행하는가를 토의해봅시다. (고전 11:23) (예수님 → 사도 → 목사의 관계에서)

2. 말씀을 통해서 얻는 은혜와 성찬을 통한 은혜는 어떻게 다릅니까?

제 8 과

기도와 주기도 이해

요점 기도관 확립

읽을성경 요 16:28, 마 6:9

▶ 기도가 무엇입니까?

기도는 그리스도의 이름으로 우리의 기원을 하나님께 고하고 그의 뜻에 합당한 것을 간구하여 죄를 자복하며 그의 자비하신 모든 은혜를 감사하는 것입니다.

▶ 하나님께서 우리의 기도를 지시하시려고 주신 법칙이 무엇입니까?

하나님의 모든 말씀이 우리의 기도를 지시함에 유용한 것이나 특별히 지시하신 법칙은 그리스도께서 그 제자들에게 가르치신 기도니 보통으로 주기도문이라 하는 것입니다.

1. 기도의 뜻

① 그리스도의 이름으로 구하는 것(요 16:23~24)

② 우리의 소원을 하나님께 아뢰는 것

③ 주의 뜻에 합당하게 구하는 것(요일 5:14)

④ 우리의 죄를 자복하는 것(단 9:4, 눅 18:13)

⑤ 하나님의 은혜를 감사하는 것(빌 4:6)

2. 기도의 종류

① 개인 기도 – 자신을 위해 드리는 기도(살전 5:17, 시 62:8, 마 6:6)

② 중보 기도 – 대신하여 드리는 기도

㉠ 바울(딤전 2:2, 엡 3:14~15, 살후 3:1)

㉡ 그리스도(요 17:1~26, 요일 2:1, 히 7:25)

㉢ 성령님(롬 8:26~27)

3. 기도의 법칙(지침, 표본)

① 모든 말씀을 주심으로 어떻게 기도할 것인가를 가르쳐 주십니다.(딤후 3:16~17)

② 그리스도께서 친히 가르쳐 주셨습니다.(마 6:9~13, 눅 11:2~4)

4. 주기도문의 구분(주님이 가르쳐 주신 기도)

① 칭호 – 기도의 대상

② 간구(기원) – 첫째~여섯째 간구

③ 송영 – 하나님께 영광

5. 주기도문의 순서
① 하나님의 것을 구함 – 그의 이름(그 자신), 그의 나라, 그의 뜻을 구하는 것
② 인간의 것을 구함 – 기본적인 것들(일용할 양식, 속죄, 보호하심)을 구하는 것
③ 하나님으로 시작하여 하나님으로 끝납니다.
④ 모든 순서는 하나님께 영광을 돌리는 것입니다.

6. 주기도문의 정신
① 자식으로서의 정신입니다. – "아버지"
② 공동체를 형성하는 형제로서의 정신입니다. – "우리 아버지"
③ 경외하는 정신입니다. – "하늘에 계신"
④ 겸손한 정신입니다. – "…지이다 … 주옵시고 … 구하옵소서"
⑤ 용서의 정신입니다. – "사하여 준 것같이"
⑥ 삼위일체 하나님께 하는 것입니다.

학습문제

1. 마태복음 7장 7~11절에서 기도하는 자에게 향하신 하나님의 마음이 어떠합니까? 그리고 나는 그 따뜻함을 느껴 보았습니까?

2. 주기도문은 성경말씀 어디 어디에 있습니까?

3. 주기도문의 정신 5가지는 무엇입니까?

①

②

③

④

⑤

토의(자유토론)

1. 기도에 대한 용어들을 말해봅시다.(예 「기도는 만능의 열쇠」라고 한다)

2. 주기도문(예수님이 가르쳐 주신)은 왜 모든 기도의 표준이 됩니까?

제 9 과

하늘에 계신 우리 아버지

요절 주기도 서문

읽을성경 사 64:9, 롬 8:15

▶ 주기도문의 첫 말씀이 우리에게 무엇을 교훈합니까?
주기도문의 첫 말씀은 곧 "하늘에 계신 우리 아버지여" 한 것이니 이는 자식이 그 능하고 보호하시기를 예비한 아버지에게 가는 것과 같이 우리가 모든 거룩하게 공경하는 뜻과 든든한 마음으로 하나님께 가까이 오는 것을 가르치고 또 우리가 다른 사람으로 더불어 기도하고 다른 사람을 위하여 기도하라 가르친 것입니다.

하늘(거룩하고 보좌)에 계신 우리 아버지를 기도할 때마다 주의 지체들과 교회를 생각하고, 여호와를 경외하며, 존귀함을 가지는 자세가 승리기도의 승패임을 압시다.

1. 기도의 대상 —「하나님 아버지」

※ 하나님의 고유 명사들

①「엘로힘」(창 1:1) – "심판자" "통치자" "두려우신 자"
②「엘」(창 17:1) – "강하신 자" "다스리는 자"
③「엘샤다이」(출 6:3) – "나의 주" "전능하신 하나님"
④「엘엘리욘」(창 14:18) – "가장 높으신 하나님"
⑤「아도나이」(창 18:3) – "주인" "주"
⑥「여호와」(출 6:3) – "위로의 하나님" "약속의 하나님"

2.「하늘에 계신」의 뜻

① 완전하신 분입니다.(마 5:48)
② 최고로 지혜로우신 분입니다.(욥 17:10)
③ 참 사랑의 아버지이십니다.(사 49:15, 16)
④ 풍부하신 분입니다.(학 2:8)
⑤ 영원 불멸하신 분입니다.(시 90:2)
⑥ 높고 성결하시고 지존하신 분입니다.

요의

"하늘" 에 대한 의미

신 · 구약 성경은 하늘을 장소적으로 보았다. "하늘에 계시다" 함은 요한복음

14장을 보면 예수님은 그가 가실 곳(하늘)에 있을 곳이 많다고 하셨으니, 그 말씀은 명백히 하늘나라가 장소성을 가진 것에 대하여 말씀하신다. 그러므로 종말론적 의미와 영적이고 내세적인 의미가 있다. 유대인은 3층천 개념이 있다. 즉 하늘(보좌), 공중(사랑의 역사), 땅(인간의 거처) 여기 하늘은 거룩한 보좌(하나님)의 의미이다.(엡 2:2)

3. 「우리 아버지」의 뜻

① 개인(성도)의 아버지이십니다.(엡 1:5)

② 단체(택한 백성)의 아버지이십니다.(출 4:22, 렘 3:4)

③ 피조된 전 인류의 아버지이십니다.(사 64:8, 말 2:10)

④ 영혼을 창조하신 아버지이십니다.(히 12:9)

⑤ 예수님과의 관계로써의 아버지이십니다.(요 15:5)

⑥ 양자의 영을 주신 아버지이십니다.(롬 8:15, 갈 4:6)

4. 「하늘에 계신 우리 아버지」의 뜻

① 기도가 독선으로 흐르지 않게 하심입니다.(요 20:17) "우리" → "교회"

② 이기적인 기도를 금하게 하심입니다.

③ 지극히 높으시고 절대적이신 하나님을 알게 하심입니다.

④ 공경하는 뜻과 든든한 마음을 갖게 하심입니다.(사 64:9, 마 6:11)

⑤ 타인을 위하여 기도할 것을 교훈하심입니다.(엡 6:18, 행 12:5)

⑥ 반드시 그가 계시다는 확신으로 기도하게 하심입니다.(히 11:6)

⑦ 아버지 계신 나라를 사모하면서 기도하게 하심입니다.

⑧ 자녀가 된 긍지와 보람 속에서 기도하게 하심입니다.(시 100편)

학습문제

1. 하나님의 고유 명사는 성경에서 어떻게 쓰여졌습니까?

① 창 1:1 –
② 창 17:1 –
② 출 6:3 –
④ 창 14:18 –
③ 창 18:3 –
⑥ 출 6:3 –

2. 「하늘에 계신 우리 아버지」(마 6:9)를 읽으면서 우리 대신 "나", "교회", "우리 민족", "믿는 자의" 등을 넣어서 읽으십시오. 어떤 감회가 있습니까?

토의(자유토론)

1. 「하늘」에 대한 성경의 상징적 용법들을 말해봅시다.
(창 1:6~8, 사 40:22, 왕하 7:2, 행 7:42)

2. 지금까지 나는 「하늘」을 어떻게 이해하고 있었습니까?

제 10 과

이름이 거룩히 여김을 받으옵소서

요점 거룩한 이름

읽을 성경 빌 2:9~11, 롬 11:36

▶ 주기도문의 첫 기도에 우리가 무엇을 구하였습니까?
주기도문 첫 기도는 곧 "이름이 거룩히 여김을 받으옵소서" 함인데 하나님께서 자기를 나타내시는 모든 일에 우리와 다른 이로 하여금 능히 그를 영화롭게 하고 또 모든 것을 처리하여 하나님의 영광에 이르게 하옵심을 구하는 것입니다.

거룩하시고 완전하신 하나님의 인격은 곧 그의 이름입니다. 기도의 우선은 그의 이름에 합당한 영광돌림에서 시작됩니다.

1. 첫째 기도의 이유

① 기도의 시작이 하나님께 영광을 돌려야 하기 때문입니다.

② 하나님의 이름과 본성이 알려지기 때문입니다.

③ 하나님의 이름이 높여지고 존경받아야 하기 때문입니다.

④ 하나님의 영광이 우리 인생의 유익보다 우선해야 하기 때문입니다.

2. 하나님의 이름이 나타내는 것

① 하나님의 모든 이름 속에 성품을 나타내십니다.

② 하나님의 이름은 죄에서 분리되어 있고, 피조물과 분리됨을 나타내십니다.(거룩성)

③ 하나님의 이름 속에 하나님께서 하신 일을 나타내십니다.

3. 이름이 거룩히 여김을 받는 방법

① 우리의 기도를 통하여

② 예배에 의하여

③ 하나님에 대한 바른 인식에 의하여(사 6:3)

④ 생활의 진실성에 의하여(마 5:16)

4. 이름을 거룩하게 하는 방법

① 살아계신 하나님을 믿어야 하고(요 4:24, 시 90:2), 우리와 함께하

심을 믿어야 합니다.

② 하나님이 어떤 분임을 알아야 합니다.

③ 하나님께 순종하고 복종해야 합니다.

④ 하나님의 이름을 거룩하게 사용해야 합니다.

5. 첫째 간구(기도)에서 구하는 것

① 우리와(롬 12:1), 다른 이로(마 5:16) 하여금 하나님께 영광을 돌리게 합입니다.(빌 2:9~11)

② 모든 처리에 하나님의 영광에 이르게 함입니다.(롬 11:36, 사 64:1, 2)

학습문제

1. 시편 서두를 자세히 보십시오. '할렐루야' 나 '하나님' 으로 시작됩니다. 본 과와 무슨 연관이 있습니까?

2. 빌립보서 2장 11절을 읽어보십시오. 예수님이 나의 구세주임을 시인하는 것이 곧 무엇입니까?

3. 제3계명과 하나님의 이름을 거룩하게 함과 무슨 공통점이 있습니까?

4. 빛이 되지 못하고 실천 없는 나의 삶이 하나님의 이름을 욕되게 하지 않았는지 찾아봅시다. (롬 2:23, 24)

토의(자유토론)

1. 나의 지금까지 기도의 시작은 어떠하였습니까? 어떤 심령, 어떤 자세로 기도할 것입니까?

제 11 과

나라가 임하옵소서

요점 하나님 나라

읽을성경 계 22:20, 마 6:33

▶ 주기도문의 둘째 기도에 우리가 무엇을 구하였습니까?
주기도문에 둘째 기도에 "나라가 임하옵소서" 함은 사탄의 나라가 멸망하고 은혜의 나라가 흥왕하여 우리와 다른 사람으로 하여금 그리로 들어가 항상 있게 하시고, 또 영광의 나라가 속히 임하게 하옵심을 구하는 것입니다.

교회의 궁극적 완성은 천국 건설입니다. 믿는 자의 소망은 역시 하나님의 나라 대망입니다.

1. 하나님나라의 별명(막 1:14~15)

① 천국입니다.(마 5:3)

② 새 하늘과 새 땅입니다.(벧후 3:13, 계 21:1)

③ 새 예루살렘입니다.(계 21:2)

④ 시온(시 132:13, 134:3)

2. 하나님나라의 성질

① 신령한 나라입니다.

② 외적인 것이 아니고 내적인 것입니다.(눅 17:17, 21)

③ 우주적입니다.(마 8:11, 계 21:1)

④ 윤리적입니다.(롬 14:17)

⑤ 영원한 나라입니다.(단 2:44)

⑥ 거룩한 나라입니다.(계 21:2)

⑦ 은혜로운 나라요 영적인 나라입니다.(계 21:6)

⑧ 하나님께서 지배하고 통치하는 나라입니다.(계 22:5)

⑨ 구원받은 자만이 가는 나라입니다.(계 20:15)

3. 세상적인 왕국

① 하나님의 왕국에 반대되는 것(눅 4:5) – 로마제국 천하의 만국(눅 4:5), 세상(히 2:5)

② 마귀의 왕국(마 12:26) – 악령이 주관(엡 2:2), 없어질 나라
③ 다윗의 나라(막 11:10) – 이스라엘 선민에게만 속했다고 보았던 왕국(행 1:6)

4. 둘째 기도가 구하는 것

① 사탄의 나라가 멸망하기를 간구하는 것입니다.(시 68:1)
㉠ 인간의 불행을 조작하는 나라
㉡ 세상을 비참하게 만드는 나라
㉢ 하나님 나라가 임하는 것을 방해하는 나라이기 때문에 멸망을 위해 기도해야 합니다.
② 은혜의 나라가 흥왕하기를 간구하는 것입니다.(마 6:33, 롬 10:1) – 은혜의 통치, 은혜의 보존, 은혜와 진리가 충만한 나라(눅 23:42)이므로 하루 속히 건설을 위해 기도하는 것입니다.
③ 영광의 나라가 속히 임하도록 간구하는 것입니다.(계 22:20, 벧후 3:11~13)

5. 하나님의 나라가 임하면

① 하나님 나라가 임하기 직전에 마귀는 최후의 발작을 하게 됩니다.(마 24:11)
② 악의 세력이 산산이 파괴되고 소멸되는 것입니다.(히 10:12~13)
③ 평화의 왕께서 통치하는 완전한 평화가 오게 됩니다.(눅 2:14)

학습문제

1. 다음 성경의 하나님의 나라는 어떻게 표현되고 있습니까?
   ① 계 21:1
   ② 고후 5:1
   ③ 시 132:13
   ④ 마 5:30

2. 요한계시록 20장 15절을 읽으십시오. 당신의 이름이 생명책에 기록된 것을 어떻게 압니까? (요 6:40)

토의(자유토론)

1. 심령천국(요 1:12, 롬 8:9), 교회천국(골 1:13), 영원한 천국(계 19:9)의 공통점이 무엇인지 찾아봅시다.

제 12 과

하나님의 뜻이 이루어지이다

요절 선하신 하나님 뜻

읽을성경 시 119:34~36, 요 6:38, 39

▶ **주기도문의 셋째 기도에 우리가 무엇을 구하였습니까?**

주기도문의 셋째 기도는 "뜻이 하늘에서 이루어진 것같이 땅에서도 이루어지이다" 함인데, 하나님께서 은혜를 베푸시사 우리로 하여금 능히 감심(甘心)으로 범사에 그의 의지를 알고 순종하며 복종하기를 하늘에서 천사들이 행함과 같이 하게 하옵시기를 구하는 것입니다.

하나님을 신뢰하는 가장 바른 기도는 "아버지의 뜻대로" 이고, 그 뜻이 이루어지기를 비는 것입니다.

1. 셋째 기도의 뜻

① 삼위일체 하나님의 계획(구원, 창조)은 완전함을 의미합니다.(신 32:4, 엡 1:4, 5)

② 성경(하나님의 뜻)대로 순종하겠다는 약속의 기도입니다.(요일 5:14)

③ 그리스도를 통하여 이루어짐을 고백합니다.

2. 하나님의 뜻

① 하나님 자신의 속에 감추어져(은밀한) 있는 의지입니다.

② 성경에 기록된(계시된) 것입니다. – 그것은 하나님의 의지의 선포이며, 우리를 구원하시기 위하여 우리에게 행하실 것을 나타내신 것입니다.(시 119:18, 신 29:29)

③ 구원과 하나님 나라의 건설입니다.(엡 3:10, 11, 요 5:39)

3. 「하늘에서 이루어진 것같이」

① 여기 하늘은 단수(복수가 아닌)로 쓰였습니다.

② 여기 하늘은 거룩하고 절대적이고 완전한 곳이며, 하나님과 천사가 거하시는 성별된 곳이며 완전하심을 의미합니다.

③ 하늘에서 뜻이 완전하게 이루어집니다.(행 13:22~33)

④ 하늘에서 뜻이 거룩하게 이루어집니다.(민 15:40, 사 6:3, 계 4:8,

11, 5:12)

⑤ 하늘에서 뜻이 변함없이 이루어집니다.(요 13:1, 시 121:4)

학습문제

1. 마태복음 26장 42절을 읽으십시오. 나는 몇 번이나 "아버지 원대로 하옵소서"라고 기도해 보았습니까?

2. 중요한 결정을 할 때 당신은 주님의 뜻을 어떻게 찾습니까? (진학, 직장, 삶의 문제) 성경적인 방법은 무엇일까요? (단 2:16~18, 21, 22)

토의(자유토론)

1. 이사야 55장 11절 말씀을 읽고 하나님의 뜻을 묵상합시다.

제 13 과

일용할 양식을 주옵소서

요점 물질기도

읽을성경 잠 30:8, 9, 창 28:20, 21

▶ 주기도문의 넷째 기도에 우리가 무엇을 구하였습니까?

주기도문의 넷째 기도는 곧 "오늘 우리에게 일용할 양식을 주옵소서" 함인데 하나님의 은사로 이 세상에서 여러 가지 좋은 것 중에 만족한 부분을 받게 하시며 아울러 그의 축복을 누리게 하옵심을 구한 것입니다.

매일매일 하나님의 공급하심을 믿고 구하는 기도는 평생 보장받는 삶입니다. 만나를 주신 하나님은 매일 우리에게 필요한 것을 주십니다.

1.「오늘」곧「날마다」의 뜻

① 날마다 기도하도록 하십니다.(살전 5:17)

② 날마다 감사하도록 하십니다.(시 136:25).

③ 내일 일은 내일 염려하도록 하십니다.(마 6:34)

④ 오늘을 마지막으로 알고 살도록 하십니다.

⑤ 날마다 새 양식으로 채워주시기 위함일 것입니다.

⑥「만나」곧 이스라엘 백성의 광야생활의 보장처럼 그날그날의 인도와 공급입니다.(출 16:4)

2.「우리에게」의 뜻

① 이기적인 기도를 금하는 것입니다. 주 안에서 형제 · 자매 된 우리는 교회입니다.

② 다른 사람들을 위해서 기도해야 하는 것입니다.

③ 온 세상 만민이 의식주에 부족함이 없도록 하는 것입니다.(히 13:16)

④ 그리스도 안에서의 공동체를 위한 것입니다.

3.「일용할 양식」의 뜻

① "일용할"의 원 뜻은「그날마다」,「필요한」,「적당한」입니다.

② 하루하루 쓰기에 적당한 양식입니다.

③ 의식주 등 일체의 생활에 필요한 것입니다.

④ 육적 양식입니다.

요의

「일용할 양식」에 대한 해석들

㉠ 육적 양식(루터, 칼빈)

㉡ 말세에 필요한 떡(암부로우스)

㉢ 영혼에 필요한 초물질적 양식(제롬)

㉣ 영육 양용의 양식(터툴리안, 기브리안스, 어거스틴)

㉤ 성만찬(이레네우스)

4. 「주옵소서」의 뜻

① 거룩한 나라(천국)를 위해 일할 사람에게 양식을 보내달라는 기도입니다.(시 78:40~44)

② 계속적으로 주옵소서의 기도입니다.

③ 하나님의 소유권을 인정하는 것입니다.(대상 29:11, 시 50:12)

④ 우리의 생애를 주의 손에 의탁하며 기도하는 것입니다.

⑤ 기도의 방법을 통해서 주시고자 하심을 보여주는 기도입니다.(마 7:7~9)

5. 셋째 기도의 교훈

① 그날의 양식을 구하라는 것입니다.(출 16:1~21)

② 우리에게 필요한 양식을 하나님께로부터 받는 사실을 인정하는

것입니다.

③ 자기만 생각할 수 없음을 교훈해 주십니다.(우리)

학습문제

1. 만나와 일용할 양식의 공통점은 무엇입니까? (출 16:21)

2. 신명기 8장 3절을 읽으십시오. 육신의 양식의 매일 공급 이상으로 매일 공급받아야 할 영혼의 양식은 무엇입니까?

토의(자유토론)

1. 그날그날 만나가 내리지 않았으면 이스라엘 백성은 죽었을 것입니다. 하루하루를 정말 하나님을 신뢰하며 절박한 심령으로 의지하며 기도합니까?

제 14 과

우리 죄를 사해주소서

요점 사죄의 선행조건

읽을성경 마 18:35, 시 51:1

▶ 주기도문의 다섯째 기도에서 우리는 무엇을 구합니까?

주기도문의 다섯째 기도인 곧 "우리가 우리에게 죄 지은 자를 사하여 준 것같이 우리 죄를 사하여 주옵소서" 함인데 우리가 그의 은혜를 힘입어 능히 진심으로 다른 이의 죄를 사하였은 즉 더욱 용감히 간구하는 것입니다.

내가 남을 용서 못한다면 아직 그는 하나님의 용서를 받지 못했거나 감격이 없는 자입니다.

1. 이 기도의 내용

① 자기의 죄를 시인하는 것입니다.(요일 1:8~10)

② 자기의 죄를 철저히 회개하라는 것입니다.

③ 하나님만이 죄 사하는 권세가 있음을 기도합니다.

④ 어떤 죄도 사함 받을 수 있다고 하는 확신을 줍니다.(사 1:18) – 성령 훼방죄는 제외

2. 「우리의 죄」

① 아담 안에서 죄인 된 우리들입니다.(롬 5:12) – 원죄

② 하나님께 대한 부채자(빚쟁이)들입니다. – 도덕적 빚쟁이

③ 고통을 주는 것입니다.

④ 용서받아야 하는 것입니다.

⑤ 부인할 수 없는 것입니다.

⑥ 용서받지 못하면 소멸되지 않는 것입니다.

3. 「죄 사함」의 뜻

① 죄과를 덮어버리는 것입니다.(시 85:2)

② 죄과를 지워버리는 것입니다.(말살함) (사 43:25)

③ 죄를 제하여버리는 것입니다.(욥 7:21)

④ 죄를 구름처럼 흩어 버리는 것입니다.(사 44:22)

⑤ 십자가의 보혈로 씻는 것입니다.(시 51:2)

⑥ 빚인 죄를 탕감해 주시는 것입니다.(마 18:27)

4. 「죄 사함」 받는 비결

① 회개할 때에 – ㉠ 지적(깨닫고), ㉡ 정적(느끼고), ㉢ 의지적으로 (결심) 해야 합니다.

② 죄를 자복하고 십자가를 바라보며 믿을 때에(시인)

③ 보혈의 능력을 믿을 때에(오직 십자가 보혈)

5. 다섯째 기도의 교훈(용서한 자만이 용서받는다)

① 우리가 남을 용서하면 하나님은 기뻐하사 우리 죄를 용서하신다는 것입니다.(용서받은 체험)

② 우리가 형제의 죄를 용서치 않으면 하나님께서도 우리 죄를 용서치 않는다는 것입니다.(막 11:25)

③ 우리가 하나님께 지은 죄는 일만 달란트같이 큰 죄이지만 형제가 나에게 범한 죄는 백 데나리온과 같이 적은 죄입니다.

④ 용서는 사랑받은 자의 실천입니다.

학습문제

1. 죄 용서함을 베풀 자는 하나님 뿐임을 시인합니까? (사 1:18)

2. 마태복음 18장 27~34절을 읽으십시오. 하나님의 진노는 어떤 자에게 내립니까? (마 18:34)

3. 마태복음 18장 35절을 보면서 형제를 중심으로 용서한다는 뜻이 무엇이라고 생각합니까?

토의(자유토론)

1. 용서했다고 말은 하면서도 계속 뒷말을 하면서 감정의 찌꺼기가 남아있는 것은 없습니까? 진정한 용서와 용서받음의 경험을 말해 봅시다.

2. 손양원 목사님의 아들 죽인 원수를 용서한 사건을 들어 보셨습니까?

제 15 과

시험에 들게 하지 마옵소서

요절 시험과 유혹

읽을 성경 마 26:41, 고전 10:13

▶ 주기도문의 여섯째 기도에 우리가 무엇을 구합니까?
주기도문의 여섯째 기도는 곧 "우리를 시험에 들게 하지 마시옵고 다만 악에서 구하시옵소서" 하는 것이니 이는 하나님이 혹 우리를 시험에 들지 않게 하시거나 시험을 당할 때에 우리를 보호하여 구원하옵소서 하는 기도입니다.

하나님은 유혹하시는 분이 아닙니다. 유혹은 마귀가 하고 멸망시킬 목적으로 합니다. 시험(유혹)에 안 빠지도록 깨어 있어야 합니다.

1. 「시험」의 뜻

① 시험(Test Trial: 시련, 심문) – 하나님의 선하신 목적으로 믿음의 강도를 측정하시고 더 열심있게 하며, 유익하게 만들어 주시는 것(창 21장) – 이삭(벧전 1:6~7, 약 1:2~12) "검사한다"는 뜻입니다.

② 유혹(temptation, enticement: 꾀임) – 마귀가 악한 목적으로 꾀이는 것입니다. 즉 죄에 빠지도록 끌어당기는 것입니다.(마 4:1~11) 하나님의 유혹은 절대 있을 수 없습니다.(약 1:13, 요 17:15) 본 과는 유혹을 의미합니다.

2. 「유혹」 받는 원인

① 마음이 약하므로(잠 28:26, 갈 6:1, 렘 17:9)

② 말씀에 뿌리가 얕으므로(마 13:20~21)

③ 기도하지 않으므로(마 26:41)

④ 자기 욕심에 이끌려(약 1:14)

3. 「유혹」을 이기는 방법

① 적극적인 방법으로 마귀를 대적하여야 합니다.(벧전 5:8, 9)

② 소극적인 방법으로 유혹의 길을 피하여야 합니다.(창 39:10) – 요셉

③ 전신갑주를 입어야 합니다.(엡 6:10~20)

4. 「악에서 구하시옵소서」의 뜻

① 거룩한 천국을 사모하는 기도입니다.

② 다시는 시험에 빠지지 않게 해달라는 요청의 기도입니다.(마 26:41)

③ 하나님만 의지하겠다는 기도입니다.

④ 악에서 떠난 생활을 하려는 결심의 기도입니다.

⑤ 적극적으로 선에 속하도록 간구하는 기도입니다.

학습문제

1. 시험의 두 가지 뜻은 무엇입니까?

2. 창세기 39장 9~12절 중에서 요셉이 유혹을 이긴 자세와 행동을 어떻게 기록하고 있습니까? (9, 10, 12절)

3. 시험을 이기고 승리하기 위하여 성도가 갖출 전신갑주를 구체적으로 말해 봅시다.(엡 6:14~18) 그리고 나의 가장 약한 부분은 그중 어느 것입니까?

①

②

③

④

⑤

⑥

토의(자유토론)

1. 사탄의 성격 및 전술을 말해봅시다. (낙심할 때, 나의 약점 이용, 못 고친 성격, 신앙생활의 무관심, 기도하지 않을 때, 죄지을 가능성에 가까이 있을 때 등등과 연관하여)

제 16 과

나라와 권세와 영광

요점 삼위께 영광

읽을 성경 신 32:43, 시 103:22

▶ 주기도문의 마지막 구절이 우리에게 무엇을 교훈합니까?

주기도의 마지막 말씀은 곧 "나라와 권세와 영광이 아버지께 영원히 있사옵나이다 아멘" 하는 것이니 이는 우리로 하여금 기도할 때에 하나님을 믿고 또 그를 찬송하여 나라와 권세와 영광이 그에게 있다 하라고 가르친 것입니다. 또 우리가 우리의 원하는 뜻의 증거와 들으실 줄 아는 표로 아멘 하는 것입니다.

"할렐루야"(여호와를 찬양하라)는 영원히 부를 성도의 찬양이며 아멘은 개인이나 전체가 함께 고백하는 공동결의와 동조입니다.

1. 주기도의 결론
   ① 여호와를 영원히 찬송하는 것입니다.(시 72:19)
   ② 여호와께 영광을 돌리는 것입니다.(롬 11:36)

2. 결론의 내용
   ① 기도할 때 하나님께 힘을 얻는 것입니다.(단 9:18~19)
   ② 나라와(신 32:43), 권세와(시 103:22), 영광과 찬송(대상 29:11~13) 인 것입니다.
   ③ 아멘입니다.(계 22:20~21)

3. 주기도의 결론이 교훈하는 것
   ① 나라가 영원히 아버지의 것입니다.(성자와 관계됨)
   ② 권세가 영원히 아버지께 있습니다.(성령과 관계됨)
   ③ 영광이 영원히 아버지께 있습니다.(성부와 관계됨)

4. 아멘의 뜻
   ① 의견에 동의하는 뜻입니다.(왕상 1:36) 진실로 그러하다는 고백적 응답입니다.
   ② 법령에 대한 서약입니다.(신 27:15, 느 5:13)
   ③ 기도나 설교에 사용된 신앙고백입니다.(대상 16:36, 시 41:13)

④ 그리스도께서 함께 계시다는 응답입니다.(롬 1:25, 갈 1:5)

⑤ 증인의 뜻입니다.(계 3:14)

학습문제

1. 주기도문을 다시 한 번 함께 암송합시다.

2. "아멘" 이 잘 안 되는 원인을 서로 나눠봅시다.

3. 성부, 성자, 성령 삼위일체 하나님께 경외하는 심령으로 주기도를 하기로 다짐합니까?

토의(자유토론)

1. 주기도는 "예수님이 가르치신 기도"라는 의미입니다. 왜 기도의 표준이 되는지 토의해봅시다. (마 6:9~12)

MEMO

〈소요리문답 요약 교재〉

4. 신앙의 진수

발행일 1997년 09월 20일
수정 1쇄 2015년 12월 21일

지은이 김재규
펴낸이 장사경
편집디자인/Illust 박소린

펴낸곳 Grace 은혜출판사 (Grace Publisher)

주소 서울특별시 종로구 종로 65길 12-10
전화 (02) 744-4029 팩스 744-6578
출판등록 제 1-618호(1988. 1. 7)

ISBN 978-89-7917-969-9 04230
978-89-7917-956-9 (세트)

국립중앙도서관 출판예정도서목록(CIP)

소요리문답 요약 교재. 4, 신앙의 진수 / 지은이: 김재규. -- 수정[판]. -- 서울 : Grace 은혜출판사, 2015
p. ; cm

ISBN 978-89-7917-969-9 04230 : ₩4500
ISBN 978-89-7917-956-9 (세트) 04230

교리 문답[敎理問答]
기독교 교육 교재[基督敎敎育敎材]

231.8-KDC6
238.42-DDC23 CIP2015034610